Impressum
Verlag: BABADADA GmbH, Nedderfeld 112 , 22529 Hamburg
Geschäftsführer / Verlagsleitung: Harald Hof
Druck: Books on Demand GmbH, In de Tarpen 42, 22848 Norderstedt

Imprint
Publisher: BABADADA GmbH, Nedderfeld 112 , 22529 Hamburg, Germany
Managing Director / Publishing direction: Harald Hof
Print: Books on Demand GmbH, In de Tarpen 42, 22848 Norderstedt

除
diviser

186/2

黑板
tableau noir

教室
salle de classe

校園
cour (de récréation)

老師
professeur

書寫
écrire

紙
papier

筆
stylo

辦公桌
bureau

直尺
règle

書
livre

學生
élève

書包
cartable

鉛筆盒
trousse

鉛筆
crayon

削鉛筆機
taille-crayon

橡皮擦
gomme

畫板
carnet à dessin

圖畫

dessin

畫筆

pinceau

顏料盒

boîte de peinture

剪刀

ciseaux

膠水

colle

練習冊

cahier d'exercices

家庭作業

devoirs

12

數字

chiffre

2+2

加

additionner

5-2

減

soustraire

2×2

乘

multiplier

計算

calculer

A

字母

lettre

ABCDEFG HIJKLMN OPQRSTU VWXYZ

字母表

alphabet

字

mot

課文

texte

讀

lire

粉筆

craie

上課

leçon

登記

livre de classe

考試

examen

證書

certificat

校服

uniforme scolaire

教育

formation

百科全書

lexique

大學

université

顯微鏡

microscope

地圖

carte

廢紙簍

corbeille à papier

飯店
hôtel

青年旅社
auberge

外幣兌換處
bureau de change

手提箱
valise

汽車
voiture

語言
....
langue

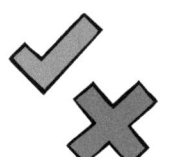

是/否
....
oui / non

好的
....
d'accord

您好
....
Salut

翻譯人員
....
interprète

謝謝
....
merci

......多少錢？

Combien coûte...?

我不明白

Je ne comprends pas

問題

problème

晚上好！

Bonsoir !

早上好！

Bonjour !

晚安！

Bonne nuit !

再見

Au revoir

方向

direction

行李

bagages

包

sac

背包

sac-à-dos

客人

hôte

房間

pièce

睡袋

sac de couchage

帳篷

tente

旅行資訊

office de tourisme

海灘

plage

信用卡

carte de crédit

早餐

petit-déjeuner

午餐

déjeuner

晚餐

dîner

票

billet

電梯

ascenseur

郵票

timbre

邊界

frontière

海關

douane

大使館

ambassade

簽證

visa

護照

passeport

飛機
avion

船
navire

消防車
véhicule de pompiers

公車
bus

卡車
camion

汽艇
bateau à moteur

汽車
voiture

腳踏車
bicyclette

渡輪
ferry

小船
barque

機車
moto

警車
voiture de police

賽車
voiture de course

租車
voiture de location

拼車
auto-partage

拖車
voiture de remorquage

垃圾車
benne à ordures

馬達
moteur

汽油
essence

加油站
station d'essence

交通標識
panneau indicateur

交通
trafic

交通堵塞
embouteillage

停車場
parking

火車站
gare

軌道
rails

火車
train

路面電車
tramway

客車廂
wagon

直升機

hélicoptère

機場

aéroport

塔

tour

乘客

passager

集裝箱

conteneur

紙板箱

carton

手推車

chariot

籃子

corbeille

起飛/降落

décoller / atterrir

城市

ville

村莊

village

市中心

centre-ville

房子

maison

電影院
cinéma

廣告
publicité

路燈
réverbère

街道
rue

計程車
taxi

小吃店
kiosque

行人
piéton

人行道
trottoir

斑馬線
passage piéton

垃圾箱
poubelle

十字路口
carrefour

紅綠燈
feux de circulation

小屋

cabane

公寓

appartement

火車站

gare

市政廳

mairie

博物館

musée

學校

école

大學

université

銀行

banque

醫院

hôpital

飯店

hôtel

藥房

pharmacie

辦公室

bureau

書店

librairie

商店

magasin

花店

fleuriste

超市

supermarché

市場

marché

百貨商店

grand magasin

魚店

poissonnerie

購物中心

centre commercial

海港

port

公園

parc

長凳

banque

橋

pont

樓梯

escaliers

捷運

métro

隧道

tunnel

公車站

arrêt de bus

酒吧

bar

餐館

restaurant

郵筒

boîte à lettres

路標

panneau indicateur

停車計時器

parcmètre

動物園

zoo

游泳池

piscine

清真寺

mosquée

農場

ferme

污染

pollution

墓地

cimetière

教堂

église

操場

aire de jeux

寺廟

temple

地形

paysage

樹葉
feuille

指示牌
panneau indicateur

路
chemin

草地
pré

石頭
pierre

樹
arbre

徒步旅行者
randonneur

河
rivière

草
herbe

花
fleur

峽谷

vallée

丘陵

montagne

湖

lac

森林

forêt

沙漠

désert

火山

volcan

城堡

château

彩虹

arc-en-ciel

蘑菇

champignon

棕櫚樹

palmier

蚊子

moustique

蒼蠅

mouche

螞蟻

fourmis

蜜蜂

abeille

蜘蛛

araignée

甲蟲

coléoptère

青蛙

grenouille

松鼠

écureuil

刺蝟

hérisson

野兔

lièvre

貓頭鷹

chouette

鳥

oiseau

天鵝

cygne

野豬

sanglier

鹿

cerf

麋鹿

élan

水壩

barrage

風力發電機

éolienne

太陽能電池板

panneau solaire

氣候

climat

服務生
serveur

菜譜
menu

椅子
chaise

披薩餅
pizza

湯
soupe

餐具
couverts

桌布
nappe

前菜

hors d'œuvre

主菜

plat principal

甜點

dessert

飲料

boissons

食物

alimentation

瓶子

bouteille

速食
fast-food

街邊小吃
plats à emporter

茶壺
théière

糖盒
sucrier

一份飯菜
portion

義式咖啡機
machine à expresso

高腳椅
chaise haute

帳單
facture

托盤
plateau

刀
couteau

餐叉
fourchette

勺子
cuillère

茶匙
cuillère à thé

餐巾
serviette

玻璃杯
verre

碟子

assiette

湯盤

assiette à soupe

碟子

soucoupe

醬

sauce

鹽瓶

salière

胡椒研磨罐

moulin à poivre

醋

vinaigre

食用油

huile

調味料

épices

番茄醬

ketchup

芥末

moutarde

美乃滋

mayonnaise

超市
supermarché

特價
offre promotionnelle

顧客
client

乳製品
produits laitiers

水果
fruits

購物車
chariot

肉鋪

boucherie

麵包店

boulangerie

稱重

peser

蔬菜

légumes

肉

viande

冷凍食品

aliments surgelés

冷盤
charcuterie

罐頭食品
conserves

洗衣粉
poudre à lessive

甜食
bonbons

日用品
articles ménagers

清潔用品
détergents

銷售員
vendeuse

收銀機
caisse

收銀員
caissier

購物清單
liste d'achats

開放時間
heures d'ouverture

錢包
portefeuille

信用卡
carte de crédit

袋子
sac

塑膠袋
sac en plastique

水

eau

果汁

jus de fruit

牛奶

lait

可樂

coca

紅酒

vin

啤酒

bière

酒

alcool

可可

chocolat chaud

茶

thé

咖啡

café

義式濃縮咖啡

expresso

卡布奇諾

cappuccino

香蕉

banane

蘋果

pomme

柳丁

orange

西瓜

melon

檸檬

citron

胡蘿蔔

carotte

大蒜

ail

竹子

bambou

洋蔥

oignon

蘑菇

champignon

堅果

noisettes

麵條

pâtes

義大利麵

spaghetti

米飯

riz

沙拉

salade

薯條

pommes frites

炸馬鈴薯

pommes de terre rôties

披薩餅

pizza

漢堡

hamburger

三明治

sandwich

炸豬排

escalope

火腿

jambon

義大利臘腸

salami

香腸

saucisse

雞肉

poulet

烤肉

rôti

魚

poisson

燕麥片

flocons d'avoine

木斯里

muesli

玉米片

cornflakes

麵粉

farine

牛角麵包

croissant

麵包捲

petits-pains

麵包

pain

吐司

pain grillé

餅乾

biscuits

奶油

beurre

凝乳

le fromage blanc

蛋糕

gâteau

蛋

œuf

煎蛋

œuf au plat

起司

fromage

冰淇淋

glace

糖

sucre

蜂蜜

miel

果醬

confiture

巧克力醬

crème nougat

咖哩

curry

農舍
ferme

稻草捆
botte de paille

糧倉
grange

田野
champ

馬
cheval

拖車
remorque

馬駒
poulain

拖拉機
tracteur

驢
âne

羔羊
agneau

羊
mouton

山羊

chèvre

奶牛

vache

小牛

veau

豬

porc

小豬

porcelet

公牛

taureau

鵝
oie

鴨
canard

小雞
poussin

母雞
poule

公雞
coq

鼠
rat

貓
chat

老鼠
souris

牛
bœuf

狗
chien

狗屋
chenil

花園澆水軟管
tuyau de jardin

澆水壺
arrosoir

長柄大鐮刀
faucheuse

犁
charrue

鐮刀
faucille

鋤頭
pioche

長柄草耙
fourche

斧頭
hache

獨輪手推車
brouette

飼料槽
cuve

牛奶罐
pot à lait

麻布袋
sac

柵欄
clôture

馬廄
étable

溫室
serre

土壤
sol

種子
semences

肥料
engrais

聯合收割機
moissonneuse-batteuse

收割

récolter

收割

récolte

地瓜

igname

小麥

blé

大豆

soja

土豆

pomme de terre

玉米

maïs

油菜籽

colza

果樹

arbre fruitier

樹薯

manioc

穀物

céréales

煙囪
cheminée

屋頂
toit

落水管
gouttière

窗戶
fenêtre

車庫
garage

門鈴
sonnette

門
porte

垃圾桶
poubelle

信箱
boîte aux lettres

花園
jardin

客廳
salon

浴室
salle de bain

廚房
cuisine

臥室
chambre à coucher

兒童房
chambre d'enfant

餐廳
salle à manger

地板
sol

牆壁
mur

天花板
plafond

地窖
cave

三溫暖
sauna

陽臺
balcon

露臺
terrasse

游泳池
piscine

割草機
tondeuse à gazon

被單
housse

床罩
couette

床
lit

掃帚
balai

水桶
sceau

開關
interrupteur

壁紙
papier peint

相片
image

櫃燈
lampe

擱架
étagère

櫥櫃
armoire

電視
télé

壁爐
cheminée

花
fleur

墊子
coussin

花瓶
vase

沙發
sofa

遙控器
télécommande

地毯
tapis

窗簾
rideau

餐桌
table

椅子
chaise

搖椅
chaise à bascule

扶手椅
fauteuil

書
livre

毯子
couverture

裝飾品
décoration

木柴
bois de chauffage

電影
film

高傳真音響
chaîne hi-fi

鑰匙
clé

報紙
journal

油畫
peinture

海報
poster

收音機
radio

筆記本
bloc-notes

吸塵器
aspirateur

仙人掌
cactus

蠟燭
bougie

冰箱
réfrigérateur

微波爐
four à micro-ondes

廚房秤
balance de cuisine

烤麵包機
grille-pain

洗潔精
détergent

烤箱
four

冰櫃
compartiment congélateur

垃圾桶
poubelle

洗碗機
lave-vaisselle

炊具
four

鍋
casserole

鑄鐵鍋
marmite

炒鍋
wok / kadai

平底鍋
poêle

水壺
bouilloire electrique

蒸鍋

cuiseur vapeur

烤盤

plaque de cuisson

陶瓷鍋

vaisselle

馬克杯

gobelet

碗

coupe

筷子

baguettes

長柄勺

louche

鏟子

spatule

攪拌器

fouet

濾網

passoire

篩子

tamis

磨碎機

râpe

研缽

mortier

燒烤

barbecue

明火

cheminée

菜板

planche à découper

擀麵杖

rouleau à pâtisserie

開瓶器

tire-bouchon

罐子

boîte

開罐器

ouvre-boîte

隔熱手套

maniques

水槽

lavabo

刷子

brosse

海綿

éponge

攪拌機

mixeur

冷藏箱

congélateur

奶瓶

biberon

水龍頭

robinet

浴室
salle de bain

淋浴
douche

供暖裝置
chauffage

毛巾
serviette

浴簾
rideau de douche

泡沫浴
bain moussant

浴缸
baignoire

玻璃杯
verre

洗衣機
machine à laver

水龍頭
robinet

瓷磚
carrelage

便壺
pot

水槽
lavabo

廁所

toilettes

蹲便器

toilette à la turque

坐浴器

bidet

小便斗

urinoir

廁紙

papier toilette

馬桶刷

brosse à toilette

牙刷

brosse à dents

牙膏

dentifrice

牙線

fil dentaire

洗

laver

手持式蓮蓬頭

douche manuelle

沖洗器

douche intime

洗臉盆

vasque

洗背刷

brosse dorsale

肥皂

savon

沐浴露

gel douche

洗髮乳

shampooing

法蘭絨

gant de toilette

排水

écoulement

乳霜

crème

除臭劑

déodorant

鏡子

miroir

手鏡

miroir cosmétique

刮鬍刀

rasoir

刮鬍泡沫

mousse à raser

鬍後水

après-rasage

梳子

peigne

刷子

brosse

吹風機

sèche-cheveux

噴髮定型劑

laque pour cheveux

化妝品

fond de teint

唇膏

rouge à lèvres

指甲油

vernis à ongles

化妝棉

ouate

指甲剪

coupe-ongles

香水

parfum

洗漱包

trousse de toilette

凳子

tabouret

計重秤

pèse-personne

浴袍

peignoir

橡膠手套

gants de nettoyage

衛生棉條

tampon

衛生棉

serviettes hygiéniques

化學廁所

toilette chimique

兒童房
chambre d'enfant

鬧鐘
réveil

毛絨玩具
doudou

玩具車
voiture jouet

玩具屋
maison de poupée

禮物
cadeau

撥浪鼓
hochet

氣球
ballon

床
lit

嬰兒車
poussette

撲克牌
jeu de cartes

拼圖
puzzle

漫畫
bande dessinée

樂高積木

pièces lego

積木玩具

blocs de construction

公仔

figurine

嬰兒服

grenouillère

飛盤

frisbee

床鈴玩具

mobile

棋盤遊戲

jeu de société

骰子

dé

火車模型

train miniature

安撫奶嘴

sucette

派對

fête

繪本

livre d'images

球

balle

洋娃娃

poupée

玩

jouer

沙坑

bac à sable

鞦韆

balançoire

玩具

jouets

電玩遊戲

console de jeu

三輪車

tricycle

泰迪熊

ours en peluche

衣櫃

armoire

衣服

vêtements

襪子

chaussettes

長襪

bas

緊身褲

collant

圍巾
écharpe

雨傘
parapluie

T恤
t-shirt

皮帶
ceinture

靴子
bottes

拖鞋
pantoufles

運動鞋
baskets

涼鞋
sandales

鞋
chaussures

雨靴
bottes de caoutchouc

內褲
sous-vêtements

胸罩
soutien-gorge

背心
maillot de corps

身體
body

褲子
pantalon

牛仔褲
jean

短裙
jupe

女式襯衫
chemisier

襯衫
chemise

套頭衫
pull

連帽上衣
sweat à capuche

西裝夾克
veste

夾克
veste

外套
manteau

雨衣
imperméable

套裝
costume

連衣裙
robe

婚紗
robe de mariée

西裝

costume

睡袍

chemise de nuit

睡衣

pyjama

莎麗

sari

頭巾

foulard

包頭巾

turban

波卡

burqa

卡夫坦

caftan

(阿拉伯式)長袍

abaya

泳衣

maillot de bain

男式泳褲

maillot de bain

短褲

short

運動服

tenue d'entraînement

圍裙

tablier

手套

gants

鈕扣

bouton

眼鏡

lunettes

手鏈

bracelet

項鍊

collier

戒指

bague

耳環

boucle d'oreille

便帽

bonnet

衣架

cintre

帽子

chapeau

領帶

cravate

拉鍊

fermeture éclair

安全帽

casque

背帶

bretelles

校服

uniforme scolaire

制服

uniforme

圍兜

bavoir

安撫奶嘴

sucette

尿布

lange

伺服器
serveur

檔案櫃
armoire d'archivage

印表機
imprimante

紙
papier

螢幕
écran

辦公桌
bureau

滑鼠
souris

資料夾
classeur

鍵盤
clavier

廢紙簍
corbeille à papier

電腦
ordinateur

椅子
chaise

咖啡杯

tasse de café

計算機

calculatrice

網際網路

internet

筆記型電腦

ordinateur portable

信件

lettre

簡訊

message

行動電話

portable

網路

réseau

影印機

photocopieuse

軟體

logiciel

電話

téléphone

插座

prise

傳真機

fax

表格

formulaire

檔案

document

買

acheter

付錢

payer

交易

faire du commerce

現金

monnaie

美元

dollar

歐元

euro

日元

yen

盧布

rouble

瑞士法郎

franc suisse

人民幣

renminbi yuan

盧比

roupie

提款處

distributeur automatique

外幣兌換處

bureau de change

金

or

銀

argent

石油

pétrole

能源

énergie

價格

prix

合約

contrat

稅金

taxe

股票

action

工作

travailler

職員

employé

老闆

employeur

工廠

usine

商店

magasin

警官
agent de police

消防員
pompier

廚師
cuisinier

醫師
médecin

飛行員
pilote

園丁

jardinier

木匠

menuisier

裁縫

couturière

法官

juge

化學家

chimiste

演員

acteur

公車司機

conducteur de bus

計程車司機

chauffeur de taxi

漁夫

pêcheur

清洗女工

femme de ménage

屋頂工

couvreur

服務生

serveur

獵人

chasseur

畫家

peintre

麵包師

boulanger

電工

électricien

建築工人

ouvrier

工程師

ingénieur

屠夫

boucher

水管工

plombier

郵差

facteur

士兵

soldat

建築師

architecte

收銀員

caissier

花農

fleuriste

理髮師

coiffeur

售票員

contrôleur

機械技師

mécanicien

船長

capitaine

牙醫

dentiste

科學家

scientifique

拉比

rabbin

伊瑪目

imam

和尚

moine

牧師

prêtre

鐵錘
marteau

鉗子
pinces

螺絲起子
tournevis

扳手
clé

手電筒
torche

挖掘機
pelleteuse

工具箱
boîte à outils

梯子
échelle

鋸子
scie

釘子
clous

鑽機
perceuse

修
réparer

鏟子
pelle

糟糕！
Mince !

畚箕
pelle

油漆桶
pot de peinture

螺絲
vis

樂器

instruments de musique

打擊樂器
batterie

揚聲器
haut-parleurs

吉他
guitare

低音提琴
contrebasse

小號
trompette

鋼琴

piano

小提琴

violon

貝斯

basse

定音鼓

timbales

鼓

tambour

電子琴

piano électrique

薩克斯風

saxophone

長笛

flûte

麥克風

microphone

入口
entrée

老虎
tigre

籠子
cage

斑馬
zèbre

動物飼料
alimentation animale

熊貓
panda

動物

animaux

大象

éléphant

袋鼠

kangourou

犀牛

rhinocéros

大猩猩

gorille

熊

ours

駱駝

chameau

鴕鳥

autruche

獅子

lion

猴子

singe

紅鶴

flamand rose

鸚鵡

perroquet

北極熊

ours polaire

企鵝

pingouin

鯊魚

requin

孔雀

paon

蛇

serpent

鱷魚

crocodile

動物園管理員

gardien de zoo

海豹

phoque

美洲豹

jaguar

矮種馬

poney

豹

léopard

河馬

hippopotame

長頸鹿

girafe

老鷹

aigle

野豬

sanglier

魚

poisson

龜

tortue

海象

morse

狐狸

renard

羚羊

gazelle

橄欖球
american Football

騎腳踏車
cyclisme

網球
tennis

籃球
basket-ball

游泳
natation

拳擊
boxe

冰球
hockey sur glace

美式足球
football

羽毛球
badminton

田徑
athlétisme

手球
handball

滑雪
ski

馬球
polo

跳
sauter

擁抱
embrasser

笑
rire

走路
marcher

唱
chanter

祈禱
prier

親吻
faire la bise

做夢
rêver

書寫
écrire

畫
dessiner

展示
montrer

推
pousser

給
donner

拿
prendre

有

avoir

做

faire

當

être

站

être debout

跑

courir

拉

trier

丟

jeter

摔倒

tomber

躺

être couché

等待

attendre

攜帶

porter

坐

être assis

穿衣

s'habiller

睡覺

dormir

醒來

se réveiller

看
regarder

哭
pleurer

擊
caresser

梳頭
peigner

交談
parler

明白
comprendre

問
demander

聽
écouter

喝
boire

吃
manger

清理
ranger

愛
aimer

做飯
cuire

開車
conduire

飛
voler

航行

faire de la voile

計算

calculer

讀

lire

學習

apprendre

工作

travailler

結婚

se marier

縫

coudre

刷牙

brosser les dents

殺

tuer

抽菸

fumer

寄

envoyer

famille

祖母
grand-mère

嬰兒
bébé

母親
mère

祖父
grand-père

父親
père

女兒
fille

兒子
fils

客人

hôte

阿姨

tante

叔叔

oncle

兄弟

frère

姐妹

sœur

前額
front

眼睛
œil

肩膀
épaule

手指
doigt

臉
visage

下巴
menton

手
main

乳房
poitrine

腿
jambe

手臂
bras

嬰兒

bébé

男人

homme

女人

femme

女孩

fille

男孩

garçon

頭

tête

背部

dos

肚子

ventre

肚臍

nombril

腳趾

orteil

腳後跟

talon

骨頭

os

臀部

hanche

膝蓋

genou

手肘

coude

鼻子

nez

屁股

fesses

皮膚

peau

臉頰

joue

耳朵

oreille

嘴唇

lèvre

嘴
bouche

牙齒
dent

舌頭
langue

腦
cerveau

心臟
cœur

肌肉
muscle

肺
poumons

肝臟
foie

胃
estomac

腎臟
reins

性交
rapport sexuel

保險套
préservatif

卵子
ovule

精子
sperme

懷孕
grossesse

月事

menstruation

陰道

vagin

陰莖

pénis

眉毛

sourcil

頭髮

cheveux

脖子

cou

醫院
hôpital

急救車
ambulance

輪椅
fauteuil roulant

骨折
fracture

醫師
médecin

急診室
service des urgences

護理師
infirmière

緊急情形
urgence

昏迷
inconscient

痛
douleur

受傷

blessure

出血

hémorragie

心臟病發作

crise cardiaque

中風

attaque cérébrale

過敏

allergie

咳嗽

toux

發燒

fièvre

流感

grippe

腹瀉

diarrhée

頭痛

mal de tête

癌症

cancer

糖尿病

diabète

外科醫師

chirurgien

手術刀

scalpel

手術

opération

電腦斷層掃描
CT

X光
radiographie

超音波
échographie

口罩
masque

疾病
maladie

候診室
salle d'attente

拐杖
béquille

石膏
pansement

繃帶
pansement

注射
injection

聽診器
stéthoscope

擔架
brancard

體溫計
thermomètre

出生
accouchement

超重
surcharge pondérale

助聽器

appareil auditif

消毒液

désinfectant

感染

infection

病毒

virus

愛滋病

VIH / sida

藥物

médicament

接種疫苗

vaccination

藥片

comprimés

藥丸

pilule

急救電話

appel d'urgence

血壓計

tensiomètre

生病/健康

malade / sain

救命！

Au secours !

警報

alarme

突擊

assaut

攻擊

attaque

危險

danger

緊急出口

sortie de secours

失火了！

Au feu!

滅火器

extincteur

意外

accident

急救箱

trousse de premier secours

呼救訊號

SOS

員警

police

歐洲

Europe

北美洲

Amérique du Nord

南美洲

Amérique du Sud

非洲

Afrique

亞洲

Asie

澳洲

Australie

大西洋

Océan atlantique

太平洋

Océan pacifique

印度洋

Océan indien

南冰洋

Océan antarctique

北冰洋

Océan arctique

北極

pôle nord

南極

pôle sud

南極洲

Antarctique

地球

terre

陸地

pays

海

mer

島

île

國家

nation

州

état

錶盤
cadran

時針
aiguille des heures

分針
aiguille des minutes

秒針
aiguille des secondes

現在幾點？
Quelle heure est-il ?

天
jour

時間
temps

現在
maintenant

電子錶
montre digitale

分
minute

時
heure

週

semaine

週一 lundi
週三 mercredi
週五 vendredi
週二 mardi
週六 samedi
週四 jeudi
週日 dimanche

昨天
....
hier

今天
....
aujourd'hui

明天
....
demain

早晨
....
matin

中午
....
midi

晚上
....
soir

工作日
....
jours ouvrables

週末
....
week-end

雨
▶ pluie

彩虹
▶ arc-en-ciel

風
vent

雪
neige

春
printemps

夏
été

秋
automne

冬
hiver

天氣預告

météo

溫度計

thermomètre

陽光

lumière du soleil

雲

nuage

霧

brouillard

潮濕

humidité

閃電

foudre

打雷

tonnerre

風暴

tempête

冰雹

grêle

季風

mousson

洪水

inondation

冰

glace

一月

janvier

二月

février

三月

mars

四月

avril

五月

mai

六月

juin

七月

juillet

八月

août

年 - année

九月

septembre

十月

octobre

十一月

novembre

十二月

décembre

圓形

cercle

正方形

carré

長方形

rectangle

三角形

triangle

球體

sphère

立方體

cube

形狀 - formes

白

blanc

黃

jaune

橙

orange

粉

rose

紅

rouge

紫

violet

藍

bleu

綠

vert

棕

marron

灰

gris

黑

noir

很多/少許

beaucoup / peu

生氣/平靜

fâché / calme

美/醜

joli / laid

首/尾

début / fin

大/小

grand / petit

明/暗

clair / obscure

兄弟/姐妹

frère / soeur

乾淨/骯髒

propre / sale

完整/缺失

complet / incomplet

白天/晚上

jour / nuit

死/生

mort / vivant

寬/窄

large / étroit

可食用/非食用

comestible / incomestible

邪惡/善良

méchant / gentil

興奮/無聊

excité / ennuyé

胖/瘦

gros / mince

第一/最後

premier / dernier

朋友/敵人

ami / ennemi

滿/空

plein / vide

硬/軟

dur / souple

重/輕

lourd / léger

餓/渴

faim / soif

生病/健康

malade / sain

非法/合法

illégal / légal

聰明/愚笨

intelligent / stupide

左/右

gauche / droite

近/遠

proche / loin

新/舊

nouveau / usé

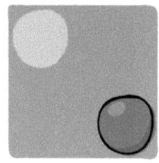

沒有/有些

rien / quelque chose

老/幼

vieux / jeune

開/關

marche / arrêt

打開/闔上

ouvert / fermé

安靜/吵鬧

faible / fort

富/窮

riche / pauvre

對/錯

correct / incorrect

粗糙/光滑

rugueux / lisse

傷心/高興

triste / heureux

短/長

court / long

慢/快

lent / rapide

濕/乾

mouillé / sec

溫暖/涼爽

chaud / froid

戰爭/和平

guerre / paix

0

零

zéro

1

一

un / une

2

二

deux

3

三

trois

4

四

quatre

5

五

cinq

6

六

six

7

七

sept

8

八

huit

9

九

neuf

10

十

dix

11

十一

onze

12
十二
douze

13
十三
treize

14
十四
quatorze

15
十五
quinze

16
十六
seize

17
十七
dix-sept

18
十八
dix-huit

19
十九
dix-neuf

20
二十
vingt

100
百
cent

1.000
千
mille

1.000.000
百萬
million

英語

anglais

美式英語

anglais américain

普通話

chinois mandarin

印地語

hindi

西班牙語

espagnol

法語

français

阿拉伯語

arabe

俄語

russe

葡萄牙語

portugais

孟加拉語

bengali

德語

allemand

日語

japonais

我
je

你
tu

他/她/它
il / elle / ce, c', cela

我們
nous

你們
vous

他們
ils / elles

誰？
Qui ?

什麼？
Quoi ?

如何？
Comment ?

何處？
Où ?

何時？
Quand ?

名字
nom

後面

derrière

裡面

dans

前面

devant

上方

au-dessus

上面

sur

下麵

en-dessous

旁邊

à côté de

中間

entre

地點

lieu